Marketing direct pour les entreprises traditionnelles

En Capsules

Les secrets du mythique Dan S. Kennedy

INDEX

Préface

Repenser le marketing et la publicité

Les entrepreneurs tombent de plus en plus facilement dans les pièges de la publicité: confus, submergés et intimidés par les agences et les gurus de l'adv. Je suis ici pour mettre fin à tout ce brouhaha et offrir un peu de clarté à travers une petite liste de règles et stratégies essentielles.

Qui est ton modèle?

Commençons par l'idée que la majorité de toute la publicité que tu vois, surtout celle des grandes entreprises, n'est pas adaptée pour une PME. Les grandes entreprises ont des objectifs et des budgets très différents des tiens. C'est comme si le lapin essayait d'imiter le lion en se mettant bien en vue sur un rocher pour rugir : ce lapin finirait mal très rapidement. Il faut aussi dire que, souvent, plus une entreprise grandit, plus elle devient stupide car le nombre de personnes dépensant l'argent d'autrui augmente. Ces personnes sont éloignées de la réalité et donc plus vulnérables aux escroqueries des agences créatives qui rêvent de devenir célèbres grâce à leur "art". Beaucoup de commerçants essaient aujourd'hui de lutter contre Amazon en ouvrant une boutique en ligne, simplement parce que tout le monde le fait. Ils font d'énormes efforts, s'embourbent dans les coûts et réduisent leurs marges, ignorant le fait qu'Amazon ne tire pas ses profits de l'e-commerce. Amazon gagne de l'argent grâce à la publicité, les frais payés par les vendeurs pour utiliser la plateforme, les services cloud et bien d'autres choses qui n'ont rien à voir avec l'e-commerce. Le fait est que beaucoup de tes collègues sont des aveugles qui guident d'autres aveugles. La preuve en est que, dans chaque catégorie, business ou groupe:

- 1% crée une richesse énorme;

- 4% gagnent très bien;

- 15% gagnent assez bien;

- 60% survivent;

- 20% sont pauvres.

Ainsi, la majorité de tes collègues continue de faire du marketing de la mauvaise manière et, si tu oses les contredire, parfois ils réagissent violemment, car tu remets en question leur philosophie, leur existence.

Souviens-toi toujours que chaque critique a son agenda, conscient ou non.

Le grand diviseur

Tu dois savoir qu'il existe deux écoles de pensée très différentes. D'un côté, il y a la majorité des entreprises, mariées à leur marketing inefficace, centré sur la marque et non mesurable. La plupart de leur argent est investi sur la base de la foi, de l'espoir et de l'ego. De l'autre côté, il y a nous, les rebelles du marketing direct qui, selon le grand publicitaire David Ogilvy, sommes "les seuls à savoir ce que nous faisons.

Nous savons comment produire des résultats, pas de la brand awareness, des followers et autres métriques inutiles.

Pour nous, résultats signifie argent!

Pour nous, la marque est un sous-produit du marketing direct, elle est incidente à la croissance que nous produisons, elle ne peut pas être un coût initial.

CHAPITRE 1

Le grand reset

Commençons par clarifier ce que j'entends par entreprises traditionnelles et entreprises de réponse directe.

Les réponses directes pures concernent tous ces produits/services vendus via courrier, catalogues ou en ligne (Amazon & Co.) et qui utilisent des publicités très directes et orientées vers la vente immédiate.

Les entreprises traditionnelles, en revanche, sont toutes les autres: magasins, cabinets dentaires, supermarchés, laveries, coiffeurs, cabinets de conseil, restaurants, etc.

Ce livre est écrit exclusivement pour les propriétaires d'entreprises traditionnelles qui desservent un marché local dans le but de transformer leurs activités en machines à imprimer de l'argent grâce au direct marketing.

La plupart de mes clients qui suivent avec succès mes conseils sont des propriétaires d'entreprises traditionnelles, c'est pourquoi vous devriez suivre leur exemple, pas celui des grandes entreprises cotées en bourse.

Pour clarifier une bonne fois pour toutes la différence d'objectifs entre vous et une grande entreprise, comparons-les immédiatement.

Objectifs d'une grande entreprise

1. Plaire au conseil d'administration ;

2. Plaire aux actionnaires ;

3. Avoir une certaine réputation à Wall Street ;

4. Faire bonne impression dans les médias ;

5. Construire une brand identity ;

6. Gagner des prix publicitaires ;

7. Vendre quelque chose.

Vos objectifs

1. Vendre quelque chose. Maintenant.

Le triangle de Kennedy

Le direct marketing repose sur le "triangle des résultats" et inclut: Message, Marché et Médias. La bonne nouvelle est que, même si vous ne comprenez rien à la publicité, il y a une chose que vous savez certainement très bien faire, c'est vendre vos produits ou services.

Cela signifie que vous connaissez le Message, et c'est déjà un bon point de départ. Ne vous inquiétez pas, ce sont des concepts que nous approfondirons plus tard.

Les 10 commandements du direct marketing (à suivre à la lettre)

1. Il y aura toujours une ou plusieurs offres ;
2. Il y aura une raison de répondre immédiatement ;
3. Vous donnerez des instructions claires ;
4. Vous suivrez et mesurerez avec responsabilité ;
5. Seulement du branding à coût zéro ;
6. Il y aura toujours un suivi ;
7. Il y aura un copy fort ;
8. Cela aura l'aspect de la publicité par courrier ;
9. Les résultats commandent ;
10. Vous devez être discipliné et suivre un régime strictement basé sur le direct marketing.

Je dis que vous devez les suivre à la lettre parce qu'au début, c'est le seul moyen de se débarrasser des mauvaises habitudes. À mesure que vous gagnerez en expérience, vous pourrez en modifier certaines ici et là, mais au début, je ne vous le conseille pas.

Un mot sur les gourous des nouveaux médias et des métriques fantaisistes. Ils vous diront que les nouveaux médias ne fonctionnent pas comme les anciens. Étrangement, ces personnes ne dépensent jamais leur propre argent pour jouer avec ces médias, mais dépensent le vôtre sans en suivre l'efficacité.

CHAPITRE 2

Une offre que vous ne pouvez pas refuser

Le direct marketing impose de la discipline. Pour une étrange raison, les entrepreneurs ferment les yeux sur les résultats de la publicité et du marketing, alors qu'ils ne le font avec rien d'autre au monde.

Seuls les direct marketers savent qu'il faut toujours créer une nouvelle offre pour pouvoir en suivre les résultats et comprendre si elle a fonctionné ou non.

Vous souvenez-vous de la règle n°1 ? Votre objectif est d'incorporer une ou plusieurs offres directes dans chaque message et à chaque occasion.

Les deux types d'offre

1. <u>Vente directe.</u> Cela concerne les classiques réductions que nous voyons partout. Cependant, ce type d'offre a des aspects négatifs : elle affecte l'intégrité des prix et le profit. Si utilisée trop souvent, elle pousse les gens à acheter seulement s'il y a une réduction. De plus, elle s'adresse uniquement aux personnes prêtes à acheter maintenant,

13

excluant tous ceux qui pourraient être intéressés à l'avenir. Enfin, elle peut être facilement comparée à d'autres offres, même en ligne, déclenchant une course impitoyable à la baisse ;

2. <u>Génération de leads.</u> Offre bien plus intéressante car elle peut réduire le gaspillage d'argent en publicité et offrir une occasion de construire confiance et relation avec les prospects. C'est une offre très utilisée par les marketers à l'échelle nationale, mais pour une étrange raison, peu utilisée par les petites entreprises locales. Supposons que vous rénoviez des salles de bains, par exemple, il serait bien plus utile et simple de publiciser un guide sur les erreurs à éviter dans la rénovation, capturant les données et éduquant le client, par rapport à offrir un devis gratuit à froid.

Résistance à franchir le seuil

Sur quelle seuil se trouve ton offre? Quel est le coût "psychologique" du choix du client, qu'est-ce qui crée de la friction? Imagine un devis gratuit pour une rénovation ou une visite gratuite chez un docteur que tu ne connais pas, ou un rendez-vous gratuit avec un consultant. Le client, même s'il n'a rien à payer, se sent intimidé parce qu'il ne te connaît pas, il n'a pas confiance. Comment réduire cette résistance à franchir le seuil? Avec ce que j'appelle l'*info-first marketing*. Je te donne des exemples :

- une école de karaté, au lieu d'offrir un cours gratuit, va créer un rapport intitulé "Guide pour les parents qui veulent protéger leurs enfants du harcèlement";

- si tu vends des matelas, tu peux créer un guide intitulé "Pourquoi tu n'arrives jamais à bien dormir";

- le consultant IT, au lieu de promouvoir ses services, offre un livre gratuit "Comment se protéger des attaques informatiques".

L'approche hybride

Rien ne t'empêche de combiner les deux, par exemple créer une offre avec un seuil plus élevé (pour les plus décidés) accompagnée d'une approche "info-first", donnant plus de raisons de répondre à ton annonce. Tu peux expérimenter et tester ce qui fonctionne le mieux pour toi.

Règle n°2 : La raison de répondre tout de suite

L'hésitation et la procrastination sont parmi les comportements les plus communs dans la nature humaine. Le coût caché et l'échec de la publicité réside dans les soi-disant "presque convaincus".

Pour cette raison, il doit y avoir urgence, une bonne raison d'acheter tout de suite.

Southwest Airlines a trouvé le moyen d'accélérer

l'enregistrement des passagers en décidant de ne pas attribuer de sièges. De cette façon, les gens sont pressés de monter pour choisir le meilleur siège. Le but du direct marketing est de trouver une raison d'urgence : places limitées, jours limités, etc.

Mon ami copywriter John Carlton décrit le client comme "un paresseux somnambule, allongé sur le canapé avec le téléphone à portée de main." Ton offre doit être tellement unique qu'elle le fait se lever et prendre le téléphone!

CHAPITRE 3

Fais-les obéir

Combien de fois nous plaignons-nous des personnes qui nous sont chères en espérant qu'elles lisent dans nos pensées?

Quand tu veux que quelqu'un fasse quelque chose, ce n'est pas suffisant de le dire une fois, il faut répéter, rappeler, renforcer. Nous, les marketers et les entrepreneurs, devons faire de même avec nos clients, en clarifiant exactement ce que nous voulons qu'ils fassent.

Règle 3 : donne des instructions claires

La plupart des gens sont capables de suivre correctement des instructions et de faire ce qu'on leur dit: c'est ce qu'on nous enseigne dès le plus jeune âge. Souvent, l'erreur de nombreux marketers est de donner des instructions confuses ou de ne pas en donner du tout.

Les gens détestent l'inconnu, ils veulent savoir

exactement ce qu'on attend d'eux, les étapes qu'ils doivent suivre. S'ils sont confus, ils n'achèteront pas. Ne jamais rien prendre pour acquis.

Par exemple, dans un de nos tests, il a suffi de simplement changer le bouton "acheter maintenant" en "clique sur le bouton pour acheter maintenant", pour voir une augmentation significative des ventes.

CHAPITRE 4

Non aux profiteurs

Règle n°4 : suivre avec responsabilité

Tu ne permettras plus aucun investissement marketing sans en mesurer les résultats.

Chaque dollar que tu dépenses doit nécessairement se multiplier ou se traduire dans les résultats prévus. Ne cède jamais sur ce point. Et par résultats, je ne parle pas de likes, de vues ou d'autres métriques inutiles.

Tu dois le faire pour deux raisons :

1. C'est la seule stratégie qui fonctionne;

2. Tu as besoin de ces données pour prendre des décisions marketing intelligentes.

Attention: les employés peuvent être un obstacle au suivi, parfois par paresse ou obstination. Il est normal qu'au début, il y ait un peu de résistance, mais ça en vaut la peine.

Je te donne un exemple. Les employés d'une chaîne de magasins très médiatisée sur divers médias avaient pour tâche de demander aux clients quelle était l'Ad qui les avait poussés à venir en magasin. Le problème était qu'ils le faisaient à contrecœur et les données n'étaient pas précises.

On a donc décidé de faire un changement en mettant des sondages à l'entrée avec un concours de tirage au sort pour ceux qui les avaient remplis. Les données ont augmenté et sont devenues immédiatement plus précises.

Règle n°5 : branding gratuit

Dans mon livre "Construire une marque avec le direct marketing", il y a l'exemple pratique de comment les propriétaires d'Iron Tribe Fitness ont fait. Ils ont suivi toutes les règles du direct response, comme le suivi, et ont compris comment construire un brand à travers les ventes.

Je ne suis pas contre le branding et je connais l'importance d'avoir un brand reconnu. Beaucoup de mes clients ont construit des brands puissants et moi aussi je l'ai fait avec mes entreprises. Mais aucun de nous n'a construit le brand en payant des fortunes, c'était simplement un sous-produit de nos ventes faites avec le direct marketing. Beaucoup de petites entreprises et de start-ups ne peuvent pas se permettre de dépenser pour faire du branding, c'est pourquoi mon conseil est : dépense pour vendre (publicité à réponse directe) et tu recevras aussi un peu de branding.

Ne paie jamais pour le branding en espérant vendre ! Enfin, personne ne peut te garantir que ton brand sera immortel, le cimetière des brands est toujours plein. Tu peux y trouver Holiday Inn, Pontiac, Kodak et beaucoup d'autres qui étaient autrefois les leaders de leur secteur.

Publicité sans marque

Dans certains cas, les publicités fonctionnent mieux sans aucun logo ou brand.

C'est le cas de la publicité classique qui veut attirer l'attention sur un sujet épineux ou controversé. Mettre un logo ou un nom tuerait la puissance de cette publicité. Cette stratégie fonctionne très bien dans le domaine financier.

Tu peux toujours faire du branding en interne avec les clients déjà acquis, tandis que pour les nouveaux, tu continues à faire de la publicité dépouillée, sans marque (brand).

CHAPITRE 5

Finis les trous dans le seau

Imagine ton business comme un seau dans lequel tu mets des idées, de l'énergie et de l'argent en espérant générer suffisamment de profits. Beaucoup d'entrepreneurs se concentrent sur le remplissage de ce seau, mais très peu s'intéressent à ce qui se passe à l'intérieur.

Règle n°6: fais du suivi

Dans beaucoup d'entreprises, je vois souvent plus de trous que de seaux. Il y a des clients qui:

1. lisent ta publicité ou te trouvent par hasard;

2. viennent te voir sur place ou visitent ton site;

3. demandent quelque chose à tes employés.

Et pendant tout ce temps, personne ne prend la peine de recueillir leurs données, de leur faire une offre ou de leur envoyer quelque chose gratuitement. C'est un gaspillage criminel!

Comment trouver un million supplémentaire dans ton entreprise

Qui ne voudrait pas un million de plus en chiffre d'affaires? La bonne nouvelle, c'est qu'il est déjà dans ton business, la mauvaise, c'est qu'il se trouve dans le suivi que tu ne fais pas (les clients jamais recontactés).

Très souvent, les entrepreneurs se contentent de peu : par exemple, ils dépensent 1 000 $ en publicité pour recevoir 50 appels, obtiennent 5 rendez-vous pour finalement conclure seulement 2 clients. Si ces 2 clients valent 1 000 $ chacun, ils sont déjà satisfaits (ils dépensent 1 000 $ et en gagnent 2 000 $).

Ils ne pensent pas que chaque appel leur a coûté 20 $ et que 45 appels ne se sont même pas transformés en rendez-vous. En pratique, c'est une perte de 900 $!

Si, grâce au suivi, ils réussissaient à obtenir 5 rendez-vous supplémentaires (et 2 clients effectifs), ils pourraient gagner 2 000 $ de plus.

Si ensuite chaque client en réfère un autre, les 2 900 $ initialement gaspillés deviendraient 4 900 $, puis 6 900 $, puis 8 900 $ et enfin 10 900 $. Si cela se produit une fois par mois, cela fait 109 000 $ que tu devrais empocher, mais qui sortent par les trous du seau. En 10 ans, cela fait exactement 1 million de dollars.

Tu pourrais devenir millionnaire simplement en bouchant tous ces trous!

Le direct marketing ne pense jamais seulement à acquérir un client via une vente unique, ce que nous appelons le "front end". La première vente doit servir à lancer une relation durable et répétitive dans le temps, amenant progressivement le client vers des produits/services plus coûteux, ce qu'on appelle le "back end". Enfin, il s'agit de construire un système qui empêche les leads et prospects de se perdre avant de devenir clients.

Voyons les fuites les plus courantes:

1. La personne qui appelle pour demander des informations et n'est plus jamais recontactée ;

2. Aucun suivi pour les leads obtenus lors de salons et expositions ;

3. Aucun suivi sur les parrainages ;

4. Aucun suivi immédiat ou vente additionnelle sur les nouveaux clients pour les fidéliser ;

5. Aucune prévention ou effort pour éviter la perte de clients. L'indifférence envers les clients est la première cause qui les amène à aller ailleurs.

Comment faire le suivi?

Le plus courant et fiable consiste en 4 étapes, mélangeant différents médias à faible coût ou gratuits. Tout le processus peut être automatisé, touchant plusieurs contacts en même temps.

Exemple : il peut y avoir un e-mail avec un lien vers

une vidéo. Le visionnage de la vidéo déclenchera une séquence d'e-mails et des appels téléphoniques. Ceux qui n'achètent pas après tout cela pourraient recevoir une autre série d'e-mails différents et une vidéo différente, essayant peut-être de répondre aux objections du client.

Étape 1 : La réédition de la même offre

Si le prospect n'a pas acheté ton offre, essaie de la rendre plus attrayante : offre plus d'informations et montre-toi disponible pour répondre aux questions. Fais comprendre que cette communication lui est envoyée parce qu'il n'a pas acheté immédiatement. Présente à nouveau l'offre avec une nouvelle date limite.

Étape 2 : Sois ferme ou sympathique

Selon ta personnalité, tu peux utiliser des thèmes comme "Tu t'es perdu ?" "Je suis inquiet pour ton échec..." "Je ne comprends pas ce que tu veux faire..." ou d'autres thèmes qui captent l'attention et poussent le prospect à expliquer pourquoi il n'a pas répondu.

Tu peux représenter l'offre, en la modifiant un peu et en soulignant sa date limite, en proposant peut-être un paiement échelonné ou un cadeau supplémentaire.

Étape 3: Dernière chance !

Ceci est la dernière notification avant que l'offre

n'expire définitivement. Elle doit être très dramatique et emphatique sur tout ce qu'ils pourraient perdre en ne l'acceptant pas.

Étape 4: Change l'offre

Parfois, tu peux facilement changer l'offre, en proposant un échelonnement de paiement, un bonus différent, etc.

D'autres fois, les prospects te disent simplement qu'ils ne veulent pas de ta solution à leur problème ou désir. Cela ne signifie pas que le problème ou le désir a disparu.

Exemple: Mary a répondu à ton annonce parce qu'elle veut perdre du poids, tu lui as proposé un entraînement en salle et elle n'a pas accepté. Peut-être accepterait-elle des compléments alimentaires, un régime ou des gaines remodelantes.

CHAPITRE 6

Crier plus fort

Désormais, nous sommes immunisés contre le bruit, il devient donc de plus en plus difficile de crier plus fort que les autres pour se faire entendre. Enfin, au-delà de crier, il faut aussi avoir quelque chose d'intéressant à dire.

Règle n°7 : il y aura un copy fort

Beaucoup d'entrepreneurs essaient de crier plus fort en dépensant plus d'argent, en achetant des espaces publicitaires plus grands ou en utilisant des célébrités comme témoins.

Le problème, c'est que ce n'est pas suffisant de crier pour vendre, il faut connaître les techniques de vente et beaucoup d'entrepreneurs les ignorent totalement ou les évitent.

Je me retrouve souvent à fournir un soutien émotionnel à mes clients parce qu'ils ont des croyances difficiles à éradiquer et alimentées par l'ego: ils pensent que leurs clients sont plus sophistiqués et qu'ils ne répondront pas à des tons sensationnalistes ou ils ont simplement peur de ce que les gens (amis, famille, collègues) penseront d'eux.

Il faut comprendre que, dans cet environnement, tout ce qui est ordinaire et normal est ignoré ; les messages prudents et calmes passent inaperçus.

Comme je l'ai déjà dit, cependant, il ne suffit pas de crier et d'attirer l'attention, il faut communiquer un message pertinent pour le public cible et capable de construire de l'autorité.

Donc, mon conseil est de ne pas se laisser intimider par la désapprobation des autres, à condition que nos publicités fonctionnent et nous apportent des clients et du chiffre d'affaires. Les seules règles à respecter sont celles des médias sur lesquels nous nous appuyons pour éviter d'être bannis.

Les 3 erreurs du copy inefficace

La plupart des direct marketers et copywriters à réponse directe savent qu'il faut partir des intérêts, des frustrations, des peurs et des désirs des clients pour arriver ensuite à une solution liée au produit/service.

Tous les messages inefficaces commettent ces 4 erreurs:

1. Ignorer la psyché du client. Ils parlent seulement de l'entreprise, des produits ou services, des caractéristiques et des avantages, des prix et des garanties ;

2. Écriture froide et impersonnelle. Il faut être émotionnel, enthousiaste et converser comme si on parlait à un ami ;

3. Déclarations prudentes. Prenez une publicité sur un cours de golf, est-il plus efficace de dire "vous apprenez à corriger le tir et à aller plus loin" ou "vous apprenez à tirer plus droit et plus loin que vous ne l'avez jamais fait de votre vie" ? Souvenez-vous : les vendeurs timides ont des enfants affamés.

Si tu insistes pour dépenser plus d'argent pour faire circuler un message inefficace, tu fais juste du mal à ton portefeuille et à ta réputation.

Le point est que tout le monde a besoin d'un copy fort capable de vendre et il est très probable que tu doives apprendre à l'écrire toi-même parce que les bons copywriters à réponse directe coûtent cher, souvent trop pour une petite entreprise.

CHAPITRE 7

L'esthétique

Les entrepreneurs adorent les publicités belles et sophistiquées. Ils veulent rendre leurs messages élégants et sont donc souvent des proies faciles pour les agences créatives. Leur ego ne se soucie pas des résultats, mais seulement de gonfler leur poitrine de fierté.

Nous, les direct marketers, préférons les vêtements de travail. Nous n'avons pas besoin de l'approbation des snobs, nous habillons notre marketing avec des vêtements confortables qui permettent d'atteindre les objectifs fixés.

Règle n°8: Ça aura l'apparence d'une publicité postale

Ce que je m'apprête à dire va choquer de nombreux entrepreneurs. Si tu as la force d'abandonner les préjugés, tu gagneras beaucoup d'argent.

Cesse d'ignorer tout ce que font les autres et suis les simples lignes directrices que je vais te fournir.

La classique publicité postale ressemble à un article de journal : un titre, un sous-titre, 2 ou 4 colonnes de texte et parfois quelques images.

Habituellement, le premier quart comprend le titre et le sous-titre, au milieu nous trouvons la présentation du produit/service (parfois avec des témoignages). Enfin, nous trouvons l'offre et les instructions pour répondre, souvent avec un coupon.

Une autre alternative valable est l'advertorial, un peu plus déguisé que celui décrit précédemment, qui fusionne un véritable article éditorial avec la promotion d'un produit/service.

Stop. Fin. Le reste ne compte pas.

Je te dis déjà que beaucoup penseront que tu es fou, mais je t'assure que tu verras beaucoup plus de résultats par rapport à copier aveuglément les belles publicités des autres. C'est une méthode éprouvée qui a rendu riches de nombreuses personnes, y compris moi et beaucoup de mes clients.

Ndr Si tu as besoin d'inspiration, avec des publicités réelles qui fonctionnent, tu peux visiter le site www.swiped.co.

CHAPITRE 8

De l'argent à la banque

Si tu fais des affaires, ton objectif principal doit être de gagner de l'argent, point. Plus vite tu acceptes cette simple vérité, plus vite tu réussiras.

Règle n°9 : seuls les résultats comptent

Je te donne un exemple. Si tu paies 20$ pour le lavage de ta voiture, tu t'attends à ce que ta voiture soit propre, sinon tu ne paies pas.

Pourquoi ce simple concept ne s'applique-t-il pas aussi à la publicité? Tu dois te convaincre que les opinions ne comptent pas, pas même les tiennes, seuls les résultats comptent.

L'une des plus belles choses du direct response est que tu peux faire des tests A/B, avec deux versions légèrement différentes de la même annonce, pour voir laquelle performe le mieux. On peut changer les images, les couleurs, le titre, la longueur du copy, etc.

En mesurant les données, tu auras la certitude de ce qui fonctionne et de ce qui ne fonctionne pas, et tu enterreras une fois pour toutes les opinions!

Maintenant, je t'explique pour la dernière fois pourquoi tes opinions ou celles de tes amis/famille/collègues ne comptent pas.

Ce n'est pas vous qui payez pour les services de ton entreprise, ce sont tes clients les seuls qui comptent. S'ils répondent à tes annonces et achètent, tu as le devoir d'ignorer toute autre opinion!

Le monde est plein de gens qui veulent des résultats mais qui ne sont pas prêts à faire ce qui est nécessaire pour les obtenir. Cette attitude est ce qui sépare les gagnants des perdants. De quel côté es-tu?

CHAPITRE 9

Le pouvoir de la discipline

Lorsque tu auras fini de lire ce livre, tu sauras ce qu'il faut faire, la question est: auras-tu le courage de le faire?

Règle n°10 : tu dois être discipliné et faire uniquement du direct marketing

Il y a cet employé paresseux que tu n'as pas la force de licencier, il y a la publicité inutile que tu n'as pas la force d'arrêter, ce site qui ne sert à rien mais tu n'as pas envie de refaire. Alors tu laisses tout tel quel.

Si tu n'as pas l'envie de gagner, ce désir qui te brûle de l'intérieur, si tu n'as pas la force de faire tout ce qui est nécessaire, tu n'y arriveras jamais.

Tu dois ignorer les critiques, faire des investissements judicieux, être discipliné dans l'exécution et déterminé à réussir:

1. <u>Débarrasse-toi des déchets.</u> Élimine tout ce qui ne produit pas de résultats ou qui ne te permet pas de les tracer : brochures, publicités, médias, employés fainéants ;

2. <u>Crée un nouveau plan marketing.</u> Simple, avec peu de règles à suivre et des objectifs clairs et écris-le sur papier ;

3. <u>Choisis de nouveaux outils.</u> Nouvelles publicités, site web, séquences d'email, logiciels, disques de vente, etc ;

4. <u>Commence à mesurer toutes les données.</u> Tout doit être mesuré : quotidiennement, hebdomadairement, mensuellement, annuellement. C'est la seule façon de t'améliorer.

5. <u>Entraîne-toi.</u> Consacre suffisamment de temps à étudier, réfléchir et améliorer constamment ton marketing ;

6. <u>Méfie-toi de ceux qui veulent te faire obstacle.</u> Quiconque veut te dissuader de tes objectifs ou essaie de modifier les règles du direct marketing est un danger pour la survie de ton business, ne les écoute pas.

Liste basique des outils de direct marketing

Front end/acquisition de clients:

- Lead magnet. Livres, rapports gratuits, vidéos ;

- Sites web. Créés spécialement pour capturer les données des clients ;

- Lettres de vente ;

- Séquences de suivi pour ceux qui n'achètent pas ;

- Disques de vente pour les appels entrants capturant les données pour faire du suivi.

Back end/maintien et ascension du client:

- Séquences en ligne et hors ligne. Par exemple pour faire de l'up-sell et du cross-sell;

- Promotions saisonnières;

- Newsletters;

- Campagnes de parrainage;

- Réactivation des clients inactifs ou perdus;

- Catalogues en ligne et hors ligne.

CHAPITRE 10

Le triangle des résultats

Il y a 3 composants à la base de chaque stratégie marketing, dans chaque secteur et pour tout produit/service:

1. Le message marketing;

2. Le média pour le promouvoir;

3. Le marché qui répond à l'annonce.

Ces 3 éléments sont tous fondamentaux et il est nécessaire qu'ils soient tous corrects pour que ton marketing fonctionne. Il suffit d'en rater un pour échouer.

Le marché

Qui essaies-tu d'attirer? À qui t'adresses-tu? Seulement en connaissant bien qui est ton marché tu peux choisir le message et le média corrects.

Cela semble évident, pourtant la plupart du marketing que je vois est toujours focalisé sur le produit, pas sur le client et tend à être très générique pour essayer d'attirer plus de clients, échouant.

Beaucoup d'entrepreneurs ne savent pas décrire qui sont leurs clients idéaux ou actuels.

Je te donne un exemple d'un de mes clients: son service consiste à trouver des épouses étrangères pour des hommes américains déçus par des relations précédentes, aidant également avec les démarches d'immigration.

Quand je lui ai demandé qui étaient ses clients, il m'a répondu: tout le monde. Mais quand je lui ai demandé qui étaient ses meilleurs clients, il n'a pas su me répondre. En enquêtant, il s'est avéré que la moitié de ses clients étaient des camionneurs divorcés.

Comment utiliser les informations

Maintenant qu'il sait qui est son client idéal, il peut, par exemple, décider de faire de la publicité dans les relais routiers ou dans des journaux et magazines lus par les camionneurs, plutôt que dans des journaux généralistes comme USA Today. Il choisira ainsi le bon média.

Ensuite, au lieu de messages génériques, il pourra s'adresser directement au public des camionneurs, parler leur langue et répondre à leurs problèmes spécifiques et utiliser comme témoins d'autres camionneurs. Voilà qu'il a trouvé aussi le bon message. Le triangle est complet.

Si tu as une nouvelle entreprise, essaie de réfléchir à cela et d'analyser les concurrents ou commence avec tes préférences personnelles. Dans tous les cas, n'essaie jamais d'attirer tout le monde.

Si tu n'as pas envie de sélectionner et de discriminer intelligemment, tu auras ces problèmes:

1. tu seras semblable à beaucoup d'autres;

2. tu ne pourras pas gagner plus que la moyenne;

3. tu seras considéré comme une commodité, tu seras exposé à la concurrence et à la course au rabais.

Le message

Sur ce point, il est important de comprendre que:

1. Tes clients et prospects sont submergés par les communications de la concurrence et pas seulement, qui concurrencent pour leur attention et leur argent;

2. La plupart des communications échouent misérablement, avec des taux de conversion inférieurs à 1%. Ceux qui utilisent le direct marketing voient des taux nettement meilleurs, généralement de 200 à 500%, mais aussi plus élevés;

3. Les communications sur les produits et services intéressent plus toi que tes clients;

4. Les gens lisent ce qui les intéresse donc tu dois fournir des informations intéressantes/choquantes/secrettes pour ensuite les relier à ton produit/service.

Revenant au concept d'info-first marketing, je l'ai inventé justement pour le différencier de tous les autres types de publicité. Pour bien comprendre quel type d'information offrir, il y a un principe de base : choisis la bonne appât pour ta proie.

Une fois que tu sais qui est la proie que tu veux attirer (le marché) tu peux choisir le bon appât. Par appât, on entend évidemment le message, mais aussi ce que tu offres pour inciter à répondre (un rapport, un cadeau, un service gratuit, etc.).

Les raisons des faibles résultats de nombreux entrepreneurs sont:

- Manque d'un appât (branding classique) ;

- Appât médiocre (ennuyeux) Par exemple, un rapport "Guide des taxes immobilières" qui pourrait être amélioré en "Comment arnaquer le fisc et éviter légalement les taxes immobilières";

- Appât incorrect. Par exemple, un guide sur les taxes immobilières à quelqu'un qui ne possède pas encore de maison (jeunes couples).

Enfin, il y a le concept d'alignement entre le message et le marché. Pour rendre le message magnétique, il serait idéal de créer une brochure/Ad/catalogue spécifiques pour chaque segment de clientèle, pas un outil identique pour tous, sinon le message deviendra générique.

Les Médias

La liste des médias (en ligne et hors ligne) est infinie. Certains naissent et meurent en peu de temps, d'autres durent des années. Essayer d'être sur tous les médias possibles, sans compter ceux qui apportent de réels résultats, n'est pas faisable. Tu risquerais de gaspiller du temps et de l'argent inutilement.

Comment choisir les bons médias? Cela a toujours à voir avec qui tu essaies d'atteindre (marché) et ses habitudes. Une chose est sûre, si le média que tu as choisi ne te permet pas de mesurer son efficacité, tu devrais l'éviter.

Ici aussi, les opinions de toi et des gens autour de toi sur les tendances et la mort de certains outils ne comptent pas.

Ta tâche est de trouver ce qui fonctionne pour tes clients et d'essayer de ne pas dépendre à 100% d'une seule plateforme, surtout s'il s'agit de réseaux sociaux ou de plateformes privées qui peuvent te bannir et te chasser d'un moment à l'autre.

CHAPITRE 11

Site web de réponse directe

Le direct marketing n'est pas une mode ou une approche valide seulement dans certains domaines et avec certains médias. C'est une méthode basée sur des concepts immuables de la nature humaine et de la psychologie, donc elle est également applicable en ligne, à tout média.

Dans ce chapitre, nous parlerons de comment créer un site web qui, d'une simple brochure, se transformera en une machine à générer de l'argent convertissant les visiteurs en clients.

Différence avec les autres sites web

La plupart des sites que j'examine sont beaux et les entrepreneurs sont fiers de me les montrer, souvent parce qu'ils ont dépensé beaucoup d'argent pour les réaliser.

Quand je demande combien de vues de page ils ont ou combien de leads ils parviennent à obtenir du site, ils ne savent pas répondre. Les jours où un site web pouvait simplement être une belle vitrine sont révolus. Il faut pousser les visiteurs à prendre une action, et pas n'importe laquelle, mais celle que nous voulons.

En pratique, ton site doit être ton vendeur h24. C'est encore plus important si tu diriges du trafic payant vers lui avec Google Ads ou les publicités sur les réseaux sociaux.

Voici les 8 règles pour un site de réponse directe :

1. Avoir une USP (Proposition de vente unique) ;

2. Offrir un Lead Magnet ;

3. Construire un système pour capturer les emails ;

4. Mettre en place une séquence d'emails de suivi ;

5. Utiliser des images et vidéos pertinentes ;

6. Inclure des témoignages et des avis ;

7. Être adapté aux mobiles ;

8. Diriger les gens vers le site en utilisant les réseaux sociaux et le marketing hors ligne.

Pour trouver ta USP, tu dois considérer les vrais bénéfices que tu offres à tes clients et les synthétiser en une phrase qui fait comprendre pourquoi ils devraient acheter chez toi.

Je ne parle pas de "prix bas" ou "haute qualité", sois spécifique! L'USP devrait générer une réaction du type "Wow, vraiment ? Comment est-ce possible ?", bref elle doit intriguer.

Il doit y avoir une CTA (Call to Action) qui génère des leads ou des ventes : remplir un formulaire, s'inscrire à la newsletter, un coupon, regarder un webinar, demander un rapport, etc.

Essaye d'offrir de la variété: la lettre de vente pour ceux qui préfèrent lire, la vidéo pour ceux qui aiment les vidéos, les données pour ceux qui aiment les statistiques, etc. Le copy du site doit être centré sur le client, pas sur toi et ton entreprise.

Vérifie régulièrement combien de personnes visitent le site et combien laissent leurs données.

Suivi

Un autre aspect critique de nombreux sites est qu'ils n'ont pas de système pour rester régulièrement en contact avec les clients, mais c'est la seule voie vers la construction d'une relation durable et pour rester dans l'esprit des clients. C'est toujours de l'argent bien dépensé.

Ces emails ne doivent cependant pas être ennuyeux, mais intéressants, amusants, ils doivent créer une communauté.

Deux ou trois fois par an, crée des concours et annonce les gagnants par mail, cela augmentera l'interaction et les taux d'ouverture.

Avis et témoignages

Inclus toujours des avis ou témoignages de clients

satisfaits sur ton site, ce que disent les autres à propos de toi est toujours plus crédible que si tu le dis toi-même.

Ils peuvent être écrits ou sous forme de vidéo et plus ils sont détaillés et spécifiques, plus ils seront crédibles, surtout si le client peut s'identifier aux problèmes et aux histoires des témoins.

CHAPITRE 12

L'importance du funnel

En tant qu'entrepreneur, ta tâche est d'acquérir de nouveaux prospects (ou leads).

Ensuite, tu dois convertir ces leads en clients, les faire acheter plusieurs fois et, finalement, leur permettre de référer de nouveaux clients.

Pour ces raisons, tu as besoin d'un funnel de vente, qui en pratique te permet de:

- augmenter le chiffre d'affaires ;
- améliorer le taux de conversion ;
- prévoir le volume des ventes ;
- identifier les produits/services qui ne se vendent pas facilement.

Le funnel commence quand quelqu'un montre de l'intérêt pour ton produit/service et mène le client à travers une série d'étapes visant à maximiser les conversions.

Les conversions peuvent être de différents types : télécharger un document, regarder une vidéo ou faire un achat.

Les meilleurs funnels prennent en compte la diversité des clients et offrent une personnalisation des offres, bonus, upsells, downsells, etc. De cette manière, les profits sont maximisés pour toutes les catégories de clients.

Pense au funnel comme à un arbre avec de nombreuses branches et différents types de pommes (produits/services). Tu dois offrir le plus grand nombre d'options pour le plus grand nombre de clients possible. Si certains se contentent de la branche la plus basse pour cueillir une pomme verte, c'est bien ainsi. S'ils veulent monter un peu plus haut et cueillir de belles pommes dorées, tu dois leur permettre de le faire.

Comment susciter l'envie de grimper dans l'arbre ? Avant tout, il faut quelque chose de gratuit ou à très bas prix. De cette façon, les clients sont contents de recevoir quelque chose de toi sans trop de sacrifices. Tu es content parce que tu as commencé à établir une relation et tu as montré ta valeur potentielle.

Cependant, tout le monde n'aime pas suivre graduellement l'ascension, il y a ceux qui, dès qu'ils décident que tu peux les aider, veulent sauter directement à la solution la plus coûteuse, sans perdre de temps. Pour cela, le funnel doit toujours contenir des raccourcis, à chaque étape du parcours.

Une autre chose très importante est la facilité d'achat : à chaque étape, il doit y avoir un lien pour acheter facilement le produit/service. Quand le client est prêt à acheter, tu dois être immédiatement disponible.

Comment construire un funnel

Maintenant que tu sais pourquoi un funnel est nécessaire, voyons comment le réaliser. Ceux basés sur un produit incluent souvent 2 actions : ajouter au panier et payer.

Les funnels peuvent être plus simples ou plus compliqués ; au début, il vaut mieux commencer avec quelque chose de simple pour ensuite ajouter des éléments au fur et à mesure que tes compétences grandissent.

Créer une simple page d'atterrissage avec un opt-in, une page de remerciement et un lien pour un auto-répondeur prend moins d'une demi-heure.

Tout d'abord, pense à ce que tu peux offrir gratuitement, il est important de choisir quelque chose de pertinent pour ton client idéal car l'objectif est toujours de le transformer en un client habituel, récurrent.

Voyons un funnel étape par étape :

1. La première page est appelée Headline Page. Elle contient ton offre, peut-être une courte vidéo (2-3 minutes) et demande seulement le nom et l'email du client.

2. L'incroyable cadeau gratuit devrait être pertinent pour ton offre principale et poser les bases d'une relation durable avec le client.

Ceux qui font l'opt-in recevront la confirmation que leur cadeau est en route et, en attendant, sont invités à approfondir avec d'autres contenus liés, soit la deuxième page du funnel.

3. Cette deuxième page peut avoir une vidéo plus longue et une réduction intéressante pour ton produit/service lié (-50%). Pour bénéficier de cette réduction, le client doit entrer d'autres données (adresse, téléphone, carte de crédit...). Juste après avoir entré les données, on propose le premier upsell, une offre liée à la précédente, avec une réduction sur un autre produit/service lié. L'upsell peut être accompagné d'une lettre de vente ou d'une autre vidéo et devrait être une offre unique et irrépétable. Dans ce cas, tu dois tenir parole car le client comprendra que tu es sérieux et, s'il ne l'a pas déjà fait, la prochaine fois il acceptera immédiatement l'offre dès le premier coup. Le funnel, en pratique, éduque les clients à ta façon de faire des affaires. Plus ils achètent chez toi, plus ils s'habituent à le faire à l'avenir.

4. Toutes les actions doivent converger vers une Thank you Page, c'est très important à la fois pour remercier les clients et pour tracer les résultats des différentes actions.

5. Que se passe-t-il si le client ne prend pas l'action requise ? Il commence à recevoir une séquence d'emails liés au sujet de l'action qu'il n'a pas prise, visant à l'instruire et à

clarifier les doutes pour le convaincre d'agir.

Très souvent, il y a une conception erronée que, si le client n'achète pas, c'est une question de prix. C'est presque jamais le cas.

Il est bien plus courant que le type de bonus, offre ou produit soit simplement incorrect. S'ils n'achètent pas, cela signifie qu'ils ne sont pas intéressés, point.

La solution est de changer souvent les produits, de modifier les services et de tester ceux qui ont le plus de succès auprès des clients.

Une autre peur infondée est celle-ci: ne pas vouloir envoyer trop d'emails de peur de déranger les abonnés.

Souviens-toi toujours que ceux qui s'inscrivent et restent dans ton funnel sont des personnes ciblées par ton produit/service. Plus tu offres d'offres, plus d'informations et plus de valeur tu offres, plus tu as de chances de vendre.

Si tu veux construire un funnel, mais que tu n'es pas une personne technologique, ne t'inquiète pas, il y a beaucoup de professionnels spécialisés dans la création de funnel pour tout type d'entreprise.

Notes

Cette synthèse de "Direct marketing for non-direct marketing businesses" a été soigneusement préparée pour diffuser les principes de la pensée Kennedy en français. Elle fait partie de la célèbre collection de livres "No B.S." créée par Dan Kennedy.

Dan Kennedy est l'un des protagonistes les plus influents et importants du marketing à réponse directe et, malheureusement, ses livres ne sont disponibles qu'en anglais.

Bien que cela soit une version extrêmement synthétique et dépourvue des images originales, nous sommes convaincus qu'elle peut servir de tremplin pour ceux qui ne maîtrisent pas bien l'anglais, mais qui souhaitent approfondir et appliquer sa pensée.

Le but de cette synthèse est purement informatif, nous ne voulons en aucun cas la remplacer par le livre original de Dan Kennedy (disponible sur Amazon via le QR code).

L'équipe de Éditions Concentré

www.ingramcontent.com/pod-product-compliance
Lightning Source LLC
Chambersburg PA
CBHW072257310526
45795CB00012B/1713